Acciones para cambiar el mundo

Lorin Driggs

Asesores de contenido

Brian Allman, M.A.
Maestro, Virginia Occidental

Cheryl Norman Lane, M.A.Ed.
Maestra
Distrito Escolar Unificado del Valle de Chino

Asesoras de iCivics

Emma Humphries, Ph.D.
Directora general de educación

Taylor Davis, M.T.
Directora de currículo y contenido

Natacha Scott, MAT
Directora de relaciones con los educadores

Créditos de publicación

Rachelle Cracchiolo, M.S.Ed., *Editora comercial*
Emily R. Smith, M.A.Ed., *Vicepresidenta superior de desarrollo de contenido*
Véronique Bos, *Vicepresidenta de desarrollo creativo*
Caroline Gasca, M.S.Ed., *Gerenta general de contenido*
Dona Herweck Rice, *Gerenta general de contenido*
Fabiola Sepulveda, *Diseñadora de la serie*
Cynthia Paul, *Ilustradora de las páginas 6 a 9*

Créditos de imágenes: Pág.4 Shutterstock/nutcd32; pág.10 FDR Presidential Library & Museum; pág.11 (arriba) Shutterstock/Sean Pavone; pág.11 (abajo) Shutterstock/Dietmar Temps; pág.12 (abajo) Shutterstock/Djohan Shahrin; pág.13 Getty Images/Louisa Gouliamaki; pág.14 Newscom/Ton Koene/VWPics; pág.15 Getty Images/AFP/Stringer; pág.19 Alamy/Reuters; pág.20 Alamy/Guy Oliver; pág.21 Shutterstock/Robert Podlaski; pág.22 Shutterstock/Jonathan Weiss; pág.23 (arriba) Alamy/Tribune Content Agency LLC; pág.23 (abajo) Torbjorn Toby Jorgensen; pág.25 Getty Images/Nigel Waldron; pág.26 Newscom/Kevin Lamarque/REUTERS; pág.27 (arriba) Getty Images/Gallo Images; pág.27 (abajo) Beautiful News SA; pág.28 Shutterstock/Simone Hogan; pág.29 Getty Images/Rick Diamond; todas las demás imágenes cortesía de iStock y/o Shutterstock

Library of Congress Cataloging-in-Publication Data
Names: Driggs, Lorin, author. | iCivics (Organization)
Title: Acciones para cambiar el mundo / Lorin Driggs.
Other titles: Making a global impact. Spanish
Description: Huntington Beach, CA : Teacher Created Materials, [2025] | "iCivics"--Cover. | Audience: Ages 9-18 | Summary: "Human rights are universal. But they are not always universally available. Poverty, war, disease, and other challenges prevent some people around the world from having their basic human rights. Many organizations and people are dedicated to helping them"-- Provided by publisher.
Identifiers: LCCN 2024060886 (print) | LCCN 2024060887 (ebook) | ISBN 9798330902125 (paperback) | ISBN 9798330902637 (ebook)
Subjects: LCSH: Human rights--Juvenile literature.
Classification: LCC JC571 .D8318 2025 (print) | LCC JC571 (ebook) | DDC 323--dc23/eng/20250214

Se prohíbe la reproducción y la distribución de este libro por cualquier medio sin autorización escrita de la editorial.

5482 Argosy Avenue
Huntington Beach, CA 92649
www.tcmpub.com
ISBN 979-8-3309-0212-5
© 2025 Teacher Created Materials, Inc.

El nombre "iCivics" y el logo de iCivics son marcas registradas de iCivics, Inc.

Tabla de contenido

El desafío de los derechos humanos 4

Salta a la ficción:
    La brillante idea de Maia 6

Defensores de los derechos humanos 10

La educación es un derecho humano 24

Los jóvenes exigen un
    medioambiente sano 26

Una misión sin fin 28

Glosario 30

Índice 31

Civismo en acción 32

El desafío de los derechos humanos

Se produce un brote de una enfermedad grave en un país. No hay servicio de atención médica. En otro lugar, tras una larga **sequía**, una familia que es dueña de una pequeña granja ya no puede ganarse la vida. En otro país, el gobierno quiere autorizar a una empresa minera a apropiarse de unas tierras sin tener en cuenta la opinión de sus habitantes. En muchas partes del mundo, el plástico contamina los mares y el terreno. Amenaza la vida silvestre y humana. En algunas regiones, aún existe la **discriminación** racial, aunque está prohibida por ley.

¿Qué tienen en común estas situaciones? Todas se relacionan con los derechos humanos. Cada ser humano goza de ciertos derechos desde que nace. Pero los derechos humanos no siempre se respetan o se protegen. Por suerte, existen organizaciones y personas que se interesan por este asunto. No dudan en actuar cuando los derechos humanos están en peligro. Buscan soluciones. Y, al ayudar a otras personas, también ayudan a cambiar el mundo.

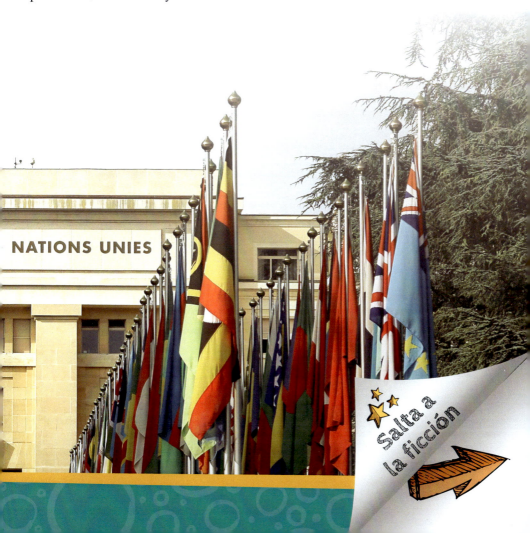

Defensores de los derechos humanos

La Organización de las Naciones Unidas (ONU) es una organización global que reúne a muchos países. De ella surgieron dos documentos para proteger los derechos humanos. Si bien los gobiernos de los países pueden definir ciertos derechos para sus habitantes, como el derecho al voto, otros derechos se aplican a todas las personas, sin importar dónde vivan.

La Declaración Universal de Derechos Humanos

La Declaración Universal de Derechos Humanos se adoptó en 1948. Establece algunos derechos humanos básicos para todas las personas. Al comienzo, dice: "Todos los seres humanos nacen libres e iguales en dignidad y derechos". La Declaración también prohíbe la esclavitud y las penas o tratos crueles. Defiende la libertad de culto y de opinión. Establece que todas las personas tienen derecho a la educación. Entre otros derechos específicos, incluye la protección contra la discriminación. Y dice que todas las personas gozan del derecho a la libertad y a la seguridad.

Eleanor Roosevelt sostiene la Declaración Universal de Derechos Humanos.

Las Naciones Unidas

La ONU se creó después de la Segunda Guerra Mundial. El objetivo era evitar las guerras que causan muchas muertes y dejan países devastados. Dicho de otro modo, su misión principal es mantener la paz. Todos los países, salvo dos, integran la ONU. ¡Son 193 países en total! La sede central queda en la ciudad de Nueva York.

La Convención sobre los Derechos del Niño

La Convención sobre los Derechos del Niño fue adoptada por las Naciones Unidas en 1989. Se considera niño a toda persona desde que nace hasta que cumple 18 años. Muchos de los derechos de los adultos también se aplican a los niños. Pero los niños no son solo adultos pequeños. La Convención establece que la infancia es una "etapa especial y protegida durante la cual se debe ayudar a los niños a crecer, aprender, jugar, desarrollarse y prosperar con dignidad". Todos los niños deben tener la posibilidad de crecer y prosperar. Tienen derecho a recibir educación y a tener sus propias opiniones. Tienen derecho a que se los proteja contra la violencia y los malos tratos. No se les puede forzar a hacer trabajos peligrosos. Y deben tener tiempo libre para jugar y descansar.

niños trabajando en un astillero en Bangladés

Human Rights Watch

Human Rights Watch se dedica a defender los derechos humanos en todo el mundo.

Hace unos años, si un niño **refugiado** llegaba a Grecia sin estar al cuidado de un adulto, era entregado a la policía. Los niños quedaban demorados en celdas pequeñas, sucias y abarrotadas. A veces, hasta debían compartir la celda con delincuentes. Pero esos niños tenían derecho a estar seguros. Por eso, una organización llamada Human Rights Watch tomó cartas en el asunto. Exigió que se pusiera fin a esta práctica. Lanzó una campaña en redes sociales y tuvo éxito. El gobierno de Grecia modificó esa práctica. Hoy se hospeda a los niños en lugares seguros y adecuados para su edad.

Las organizaciones como Human Rights Watch necesitan el trabajo especializado de muchas personas. Los especialistas en derecho resuelven cómo se aplican las leyes. Los analistas de las sociedades y las culturas buscan comprender el contexto histórico de cada situación. Los **trabajadores sociales** ayudan a las personas. A veces, también participan científicos. Los **periodistas** investigan y escriben sobre lo que sucede. Las fotos y los videos ayudan a contar la historia. Los expertos en redes sociales comunican lo que pasa. Los trabajadores administrativos mantienen la organización en funcionamiento. Otras personas recaudan dinero para financiar el trabajo. Todos ellos quieren proteger los derechos humanos.

Por los niños

UNICEF es una agencia que forma parte de la ONU. Se centra en los derechos y el bienestar de los niños. Trabaja para proteger su vida, defender sus derechos y ayudarlos a desarrollar su potencial. Cuando se trata de ayudar a un niño, UNICEF nunca se rinde.

Niños refugiados asisten a una escuela en Grecia.

Médicos Sin Fronteras

Médicos Sin Fronteras ofrece atención médica en todo el mundo a aquel que lo necesita.

En 2019, un brote de **sarampión** en la República Democrática del Congo produjo una verdadera crisis. El sarampión es una de las enfermedades más **contagiosas** que existen. Es especialmente peligrosa en bebés, niños pequeños y mujeres embarazadas. Hay una **vacuna** eficaz contra esta enfermedad. Pero, en la República Democrática del Congo, muy pocas personas podían acceder a ella. Cientos de miles de adultos y niños estaban enfermos. Y miles habían muerto.

Médicos Sin Fronteras comprendió la urgencia. Envió equipos al país. Viajaron médicos, enfermeros y también trabajadores no médicos. Durante la **epidemia**, entre 2019 y 2020, atendieron a miles de personas enfermas. Vacunaron a más de 2.3 millones de niños. Ayudaron en los hospitales. Llegaron a zonas en las que no había médicos ni centros de salud.

Una médica atiende a una familia en la República Centroafricana.

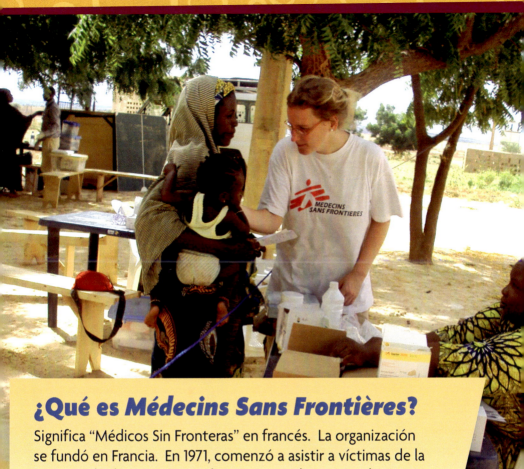

¿Qué es *Médecins Sans Frontières*?

Significa "Médicos Sin Fronteras" en francés. La organización se fundó en Francia. En 1971, comenzó a asistir a víctimas de la guerra o de desastres naturales. La integraban 300 voluntarios, entre ellos, médicos, enfermeros y otros trabajadores. Al poco tiempo, abrió sedes en otros países.

La atención médica es un derecho humano básico. Pero, a veces, poder recibirla es todo un desafío. Por eso existe Médicos Sin Fronteras. Ellos llegan a los lugares del mundo donde más los necesitan. Ayudan en zonas de guerra. Van a lugares golpeados por desastres naturales. Y acuden a campos de refugiados. Van adonde puedan salvar vidas.

Action Against Hunger

Action Against Hunger impulsa nuevos métodos e ideas para ayudar a quienes padecen hambre.

En América Central, hay una región que se conoce como el Corredor Seco. Abarca partes de Guatemala, Honduras, Nicaragua y El Salvador. Allí siempre ha sido difícil que una familia pueda mantenerse con lo que produce una granja pequeña. Los padres y las madres a veces dejaban de comer para poder alimentar a sus hijos. Ahora la vida en esa región se ha vuelto aún más difícil. Una de las causas es el cambio climático. Tras seis años de sequía, se han perdido muchos cultivos. El COVID-19 también ha empeorado la situación. Muchos se quedaron sin trabajo, y los alimentos son más caros.

Todos necesitamos comer lo suficiente para estar sanos. Action Against Hunger protege ese derecho. Esta organización sin fines de lucro quiere terminar con el problema del hambre. Hicieron encuestas en la región del Corredor Seco. Se halló que más del 85 por ciento de las familias pasan hambre. Entonces, la organización decidió actuar. Llevaron ayuda alimentaria a más de 50,000 personas de las comunidades rurales. Pero quieren dar un paso más. Les gustaría que las familias pudieran recibir alimentos y dinero directamente. Quieren apoyar a las comunidades. Su idea es fortalecer el sistema de salud y las pequeñas empresas para crear empleos.

Greenpeace

Greenpeace realiza campañas e idea soluciones para proteger el medioambiente.

Greenpeace es una organización preocupada por el medioambiente. A lo largo de los años, se ha involucrado en diferentes temas y ha realizado campañas para cuidar los océanos, los bosques y el clima.

Por tierra y por mar

Greenpeace hace su trabajo en la tierra, ¡y también en el mar! Tiene tres barcos. Desde hace años, ha usado los barcos para muchas actividades, como campañas y tareas de investigación. Así es como refuerza su mensaje sobre los problemas ambientales.

protesta de Greenpeace

Una de las principales luchas de Greenpeace es la protección de los animales del océano. A fines de la década de 1970, las poblaciones de ballenas estaban disminuyendo debido a la caza comercial. Algunos grupos las cazaban y las mataban para vender la carne y la grasa. Greenpeace entró en acción. Quería crear conciencia sobre ese tema. Greenpeace organizó distintas campañas. El movimiento llamado "Salvemos a las ballenas" expuso la cruda realidad de la caza de estos animales. Los **activistas** incluso fueron con barcos a las zonas de caza para evitar la matanza. ¡Y lograron buenos resultados! En 1982, la Comisión Ballenera Internacional votó a favor de prohibir la caza comercial de ballenas.

Junto con otros activistas, Greenpeace ha cambiado la mentalidad de muchas personas. Ha logrado cambios en las prácticas comerciales. Y hasta ha modificado las prácticas de algunos gobiernos. El grupo describe su trabajo como "una confrontación pacífica y creativa". Sus miembros nunca usan la violencia. Se proponen promover la paz y la no violencia. Buscan detener la contaminación y el uso desmedido de los recursos naturales. Quieren proteger la Tierra y a todos los seres vivos.

Amnistía Internacional

Amnistía Internacional busca proteger y fortalecer los derechos humanos en todo el mundo.

En Sudáfrica, una empresa minera vio una oportunidad. Halló **titanio**, un mineral muy valioso, en tierras que pertenecían a la comunidad xolobeni, que es **originaria** del lugar. La empresa solicitó una licencia al gobierno para realizar tareas de extracción en la zona. Pero nadie les pidió permiso a los habitantes. La comunidad xolobeni se opuso. La excavación destruiría la tierra. Ellos tendrían que irse a otro lado.

Nonhle Mbuthuma era una agricultora de la región. Esas tierras habían sido de su familia durante generaciones. Mbuthuma lideró a su pueblo, que se oponía a las acciones del gobierno. Afirmaba: "Quitarme la tierra es quitarme la identidad". Sufrió amenazas por manifestarse. El gobierno no hizo nada para protegerla.

Nonhle Mbuthuma

Piensa y habla

¿De qué maneras podrías manifestarte en contra de una injusticia?

Una acción por correo

Amnistía Internacional lleva adelante la campaña "Escribe por los Derechos". Participan personas de más de 170 países y territorios. Escriben cartas para pedir la liberación de quienes fueron detenidos por manifestarse en contra de una injusticia.

Amnistía Internacional se creó para exponer este tipo de violaciones a los derechos humanos. Decidió hacer algo al respecto. Apoyó una demanda judicial que exigía al gobierno sudafricano consultar al pueblo antes de permitir la actividad minera. Y presentó una **petición** al gobierno para que le ofreciera protección a Mbuthuma. Fue una larga lucha. Finalmente, un tribunal sudafricano falló a favor del pueblo xolobeni. Fue una victoria también para los derechos humanos.

Cruz Roja Internacional

La Cruz Roja es la red humanitaria más grande del mundo.

En el año 2004, se produjo un terremoto gigante en las profundidades del océano Índico. Eso desencadenó una serie de **tsunamis**. Las enormes y veloces paredes de agua destruyeron comunidades de varios países. Haití sufrió muchas catástrofes en la década de 2000: inundaciones, huracanes, terremotos y brotes de enfermedades. Y en muchos países, las personas padecen la guerra o la pobreza.

En esos casos, interviene la Cruz Roja Internacional. Con **delegaciones** en 192 países, está siempre cerca. Donde hay alguien que sufre, la Cruz Roja tiende una mano. Les consigue un lugar donde vivir a quienes han perdido su casa. Ofrece atención médica a los enfermos y los heridos. Busca servicios de salud mental para quienes atraviesan situaciones difíciles. Proporciona ropa y ayuda a cubrir otras necesidades básicas. Lleva tranquilidad y esperanza en momentos de desesperación.

La Cruz Roja Americana está vinculada a la Cruz Roja Internacional.

Ayuda tras los incendios forestales

En Estados Unidos, hay una cantidad récord de personas que han tenido que desplazarse a causa de los incendios forestales. La Cruz Roja Americana ayuda a las personas necesitadas. Les ofrece comida, refugio y elementos básicos a quienes tienen que evacuarse.

La Cruz Roja Internacional ofrece ayuda desde hace más de 150 años. La red global se divide en tres partes. Todas las partes tienen el mismo objetivo: dar asistencia a las personas en todo tipo de situaciones.

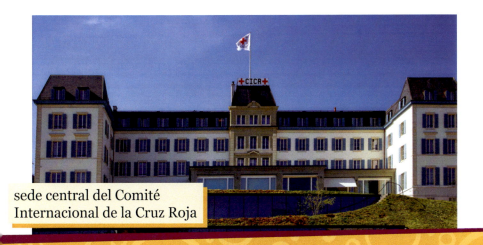

sede central del Comité Internacional de la Cruz Roja

La educación es un derecho humano

"Cuento mi historia no porque sea única, sino porque es la historia de muchas niñas", dijo Malala Yousafzai.

Malala Yousafzai nació en un pueblo de Pakistán. Cuando tenía 11 años, un grupo de **talibanes** ocupó el pueblo. Tenían ideas extremistas sobre la sociedad. Les prohibían a las niñas ir a la escuela. Castigaban duramente a cualquiera que desobedeciera sus órdenes.

La familia de Yousafzai creía que la educación es un derecho de todos los niños, incluidas las niñas. Por eso ella siguió yendo a la escuela. También comenzó a hablar en defensa de la educación de las niñas. Eso le causó problemas con los talibanes. Un día, cuando Yousafzai tenía 15 años, estaba regresando de la escuela en autobús. Un hombre armado subió al vehículo y le disparó en la cabeza. Yousafzai estuvo al borde de la muerte.

Toda la familia se mudó a Inglaterra por seguridad. Allí Malala Yousafzai se volvió una firme defensora de la educación de las niñas. En 2014, se convirtió en la persona más joven en ganar el **Premio Nobel de la Paz**. Tenía apenas 17 años. En su discurso, dijo: "Este premio no es solo para mí. Es para todas las niñas y los niños **invisibilizados** que quieren tener una educación. Es para todas las niñas y los niños aterrados que quieren vivir en paz. Es para todas las niñas y los niños sin voz que quieren un cambio".

Piensa y habla

¿Qué causa o causas defenderías? ¿Por qué?

Malala Yousafzai da un discurso en la ceremonia de entrega del Premio Nobel de la Paz.

Los jóvenes exigen un medioambiente sano

Tener un medioambiente sano es un derecho humano básico. El cambio climático amenaza ese derecho. Cuando se trata de crear conciencia sobre el cambio climático, los más jóvenes llevan la delantera. Yola Mgogwana es una de ellos.

Mgogwana vive en Ciudad del Cabo, Sudáfrica. A los 11 años, comenzó a notar cambios en el medioambiente. Había más contaminación en el aire, que es una causa del cambio climático. Y cada vez había más sequías, que es una consecuencia del cambio climático.

Yola Mgogwana se unió a la organización Earthchild Project para aprender sobre lo que pasaba en el medioambiente. Se convirtió en activista. Dijo una vez: "Mi edad no implica que mis opiniones sobre el mundo no sean válidas".

"Little Miss Flint"

En Flint, Míchigan, el suministro de agua se contaminó con plomo. Muchas personas se enfermaron. En 2016, Mari Copeny, de 8 años, le escribió una carta al presidente Barack Obama. Quería que se supiera lo que estaba pasando en Flint y que los habitantes recibieran ayuda. El presidente visitó la ciudad y luego envió ayuda de emergencia. Los medios de comunicación llamaron a Copeny "Little Miss Flint" (la pequeña Miss Flint). Ella, que ya es adolescente, sigue creando conciencia y recaudando dinero para Flint.

protesta por el cambio climático en Ciudad del Cabo

Mgogwana participó en huelgas y manifestaciones para crear conciencia sobre el problema del cambio climático. Dijo: "Marcho, canto y alzo la voz por mi derecho a tener un futuro habitable". Dio un discurso ante 2,000 personas. Reclamó políticas para recuperar y proteger el medioambiente. Estas conversaciones pueden darse en cualquier comunidad. Solo basta que alguien las inicie.

Yola Mgogwana marcha en una protesta.

Una misión sin fin

Los seres humanos tenemos derechos humanos. No hay ninguna excepción. Está mal que a una persona le nieguen esos derechos. La búsqueda de igualdad, libertad, seguridad y dignidad ha existido desde siempre. Y no terminará nunca.

Alguien que dedicó su vida a esta búsqueda fue John Lewis. Lewis era un hombre negro del Sur de Estados Unidos. Luchó por la justicia y la igualdad. Antes de morir, dijo: "He dedicado casi toda mi vida a algún tipo de lucha: por la libertad, por la igualdad, por los derechos humanos básicos". Siempre harán falta personas que estén dispuestas a continuar esa lucha.

Es por eso que las organizaciones de derechos humanos son tan importantes. Permiten que las personas con esa determinación puedan unirse para buscar soluciones. Estas organizaciones necesitan mucho apoyo. ¡Y hay muchas formas de ayudar! Puedes donar dinero. Puedes ofrecerte como voluntario en tu tiempo libre. Puedes crear conciencia sobre distintos temas. Toda acción, por pequeña que sea, puede cambiar el mundo.

Una joven llama a las personas a votar.

Buenos problemas

John Lewis era conocido por involucrarse en lo que él llamaba "buenos problemas". Enfrentó el odio y corrió muchos riesgos mientras reclamaba por la igualdad de derechos para los afroamericanos. Marchó en contra de las injusticias, incluso cuando sabía que recibiría agresiones. Lo arrestaron muchas veces. Luchó con fuerza por la justicia y la igualdad.

Glosario

activistas: personas que actúan con firmeza para defender una causa u oponerse a algo

contagiosas: que se transmiten de persona a persona

delegaciones: sedes de una organización

discriminación: un trato injusto a causa de diferencias como la raza o el género

epidemia: un brote de una enfermedad que se propaga rápidamente

invisibilizados: no tomados en cuenta, olvidados

originaria: que es nativa de un lugar

periodistas: personas que reúnen información sobre un tema y preparan artículos para periódicos, revistas, televisión o radio

petición: un documento que se firma para solicitar algo

Premio Nobel de la Paz: un premio que se entrega todos los años a una persona o a un grupo por promover la paz

refugiado: alguien que se vio obligado a abandonar un país debido a una guerra u otra situación peligrosa

sarampión: una enfermedad que provoca fiebre y manchas rojas en la piel

sequía: un largo período en el que llueve muy poco o nada

talibanes: integrantes de un movimiento fundamentalista islámico con milicias en Afganistán

titanio: un metal plateado que es muy liviano y resistente

trabajadores sociales: trabajadores de organizaciones que ayudan a personas con distintos tipos de problemas

tsunamis: olas de gran tamaño y altura que suelen producirse a causa de terremotos bajo el mar

vacuna: una sustancia que se inyecta en el cuerpo para protegerlo de una enfermedad específica

Índice

Action Against Hunger, 16–17

América Central, 16

Amnistía Internacional, 20–21

cambio climático, 16, 26–27

Copeny, Mari, 26

COVID-19, 16

Cruz Roja Internacional, 22–23

Earthchild Project, 26

Estados Unidos, 23, 28

Greenpeace, 18–19

Haití, 22

Human Rights Watch, 12

Lewis, John, 28–29

Mbuthuma, Nonhle, 20–21

Médicos Sin Fronteras, 14–15

Mgogwana, Yola, 26–27

Naciones Unidas (ONU), 10–12

océano Índico, 22

Pakistán, 24

Premio Nobel de la Paz, 24–25

República Democrática del Congo, 14

sarampión, 14

sequía, 4, 16, 26

Sudáfrica, 20–21, 26–27

tsunamis, 22

UNICEF, 12

Yousafzai, Malala, 24–25

31

Civismo en acción

Todos queremos vivir con salud y seguridad. Y todos podemos ayudar a los demás. ¿Cómo podrías ayudar tú?

1. Piensa en las necesidades básicas no cubiertas de una persona, un grupo o una región del mundo. Podría ser, por ejemplo, el acceso a agua potable, atención médica, educación, comida, ropa o asistencia jurídica. Puedes agregar otras necesidades.

2. Haz una lluvia de ideas sobre distintas formas en que podrías ayudar a cubrir estas necesidades. Ten en cuenta que, si bien donar dinero es una forma de ayudar, existen muchas otras.

3. Reúnete con familiares o amigos y diseña un plan para tu proyecto de ayuda. Anota los pasos que seguirás.

4. ¡Pon tu plan en marcha!